낯선 도시의 하루

황철환 시집

오늘의문학사

국립중앙도서관 출판시도서목록(CIP)

낯선 도시의 하루 : 황철환 시집 / 지은이: 황철환. -- 대전
: 오늘의 문학사, 2015
p. ; cm. -- (오늘의문학시인선 ; 350)

ISBN 978-89-5669-682-9 03810 : ₩10000

한국 현대시[韓國現代詩]

811.7-KDC6
895.715-DDC23 CIP2015013141

낯선 도시의 하루

序

1. 민초, 그 삶

바람이 무거워 내려앉을까
멀리 님에게 닿기 전 밟힐까

깃털보다 가볍게 바람보다 위에
민초의 씨앗 사방에 휘날리며
그 아픔 지천에 수북이 쌓여도

그 눈물 하얗게 또 하얗게 흘러내려
닦아주는 이 없이 밟히고 아파하면서
땅 위에 흘러 쌓인 흰 눈물꽃

실바람에 실어 사방 천지 떠나가지만
다시 오는 계절에 굳은 땅 뚫고 솟구쳐
하얀 노란 민들레꽃 화려하게 피어나리니

2. 사랑, 그 궤적

잔잔한 웃음
고운 자태
조용한 언행
그렇게 그녀가 내 마음에 왔었지

가을 겨울 봄 그리고…

하루는 보고파 하다 가고
한 달은 조바심에 가고
계절은 그리움에 젓 담그다 가고
일 년은 서로 눈치 보며 가려나

하루는 질투로 가고
한 달은 기회보다 가고
한 계절은 동태 살피다 가고
한 해는 헤아리다 다 가려나

마지막 계절마저 다가서는 데
아직, 그 말 한마디 못하였구나.
사랑, 그 지난한 궤적

이제 첫 시집 『낯선 도시의 하루』를 세상에 내놓게 되었습니다. 삶, 사랑, 고향, 계절은 모두 우리 마음속에서 영혼으로 살아 숨 쉬고 있습니다. 아마도 저는 이생이 끝날 때까지 끊임없이 그리움으로, 아픔으로, 기쁨으로, 희망으로 그리고 사랑으로 이 모두를 안아 가며 시를 쓸 겁니다. 당신에게 소중한 추억을 남기면서 말입니다.

시인의 시 한 구절마다 당신의 삶이라 할 때까지 말입니다.

차례

제1부 | 고향

제2부 | 사랑

제3부 | 삶

제4부 | 가을과 겨울

제1부 | 고향

고향 땅

천리길 돌고 돌아
찾아든 고향 땅엔
포근한 봄기운이
내 맘과 몸에
가득하다

언제나 고향은
성성히 돋아난 보리밭에도
겨우내 다져진 마늘밭에도
아지매 밭 매기가
살갑기만 하고
낯선 웃음에도
맘이 먼저
반긴다

망향

오라는 이 없어도
가고픈 곳 고향이어라
그립고 보고파
명절 되면 저려오는 마음

세찬 겨울바람에 푸른 구름 흘러가
내 고향 지날 때 비라도 한줄기 내려
서러운 맘 선친 무덤가에 내려놓거든
가슴에 피멍 들도록 보고프다 하소서

도시 명절 속절없이 섧고
고향 찾는 이 부럽기만 하건만
천리 길 지체됨이 무어 그리 대수라고
고향 내음 그리운 얼굴들 이 설움만 하겠소

오갈 데 없는 핫바지 인생
단골 주막도 문 내려 갈 곳 없다오

편의점에서 산 소주 두 병 과자 한 봉지
툭시발*에 가득 따라 조상님께 고하고
깔깔한 목 타고 흐르는 전율
속울음이 처량하다

* 뚝배기의 방언

선친 28주기 추도일

대학을 마치고도
세상 빛 보겠다고
방랑객처럼 이 곳 저 곳 떠돌다

육순도 찾지 않는 독기 어린 나날
병마에 쓰러지신 선친이 꿈에 보여
천리길 내달려 그 지친 얼굴 뵈었건만
암과의 모진 쌈에 지쳐 이생을 버리려 하나

어린 자식 눈에 밟혀
차마 숨 못 거두고
얼룩진 눈가엔 하얀 눈물 자국 흐르네

큰 아들 목소리에 마침내 숨 줄 놓아
미어지는 내 가슴 곡기를 끊었다오
돌아서는 천리길 속울음에 다 적시고
장대비에 뚫린 하늘 원망스레 보았다네.

생전에 못 드린 그 술 한 잔 올리려
한스러움 가득 담아 잔을 채워 보건만
미어지는 가슴엔 선친눈물 고인다.

어머니, 떠나지 마소서!

— 삶, 그 영혼의 여행

긴 꼬리 늘어진 먼 여행길
별빛 타고 날아가
어두움 속에 머문 안식처

긴 고통 속 답답함 뚫고 빛으로 나온 후
영혼은 한 생명체에 갇혔다

자유를 빼앗긴 채 긴 변태를 거치며
전생에서의 기억과 이생에서의 만남이
혼돈과 어둠으로 교차하며
망각의 무덤, 영혼들의 무덤에 기억을 묻고
이 세상의 이치에 맞추려 깊은 번뇌의 늪에 빠지다

생은 배고픔과 삶이라는
명제를 충족하도록 강요되고
산다는 것은 끝없는 고뇌로 점철된다

폭풍우 치는 생존의 조건충족은
묻혀 있던 영혼의 무덤마저 일깨워 세상으로 가고
고해의 바다를 유랑하며 유성의 빛을 알 때까지
영혼은 정착할 수 없다

세상의 이치를 알 때쯤
영혼의 갈등을 지혜로서 이끌지만
모든 것 품어 주던 그 안락처마저
영혼이 시작했던 곳으로 회귀하게 되면
이젠 의지할 곳 없이 홀로인 채

비로소, 어미의 죽음을 예감하고
본질적 슬픔에 빠집니다.

어머니!
이제야 제가
슬픔이라는 그 의미가
뼛속 깊이 내리고 있습니다.
이젠 죽지 마셔요, 영원히!

할머니의 더덕

시골 할머니 쭈그려 앉아
더덕 두 더미 쌓아 두고 있다.
"7년산 더덕이요, 잉"
바라보는 눈빛이 간절하다.
"손주들 설빔이나 하게 갈아 줘!"

내키지 않아 떨떠름하게
이만 원 드리고
실한 한 무더기만 차에 싣고 와
껍질을 벗기니
더덕에서 고향 냄새 질펀하다.

손자 설빔 위해 이만 원에 팔은
할머니 마음을 헤아리니
중국산에 끌리던 내가 부끄럽다.
남아 있던 한 무더기 잔영으로 남아
한입 문 입가에 쓴웃음이 흐른다.

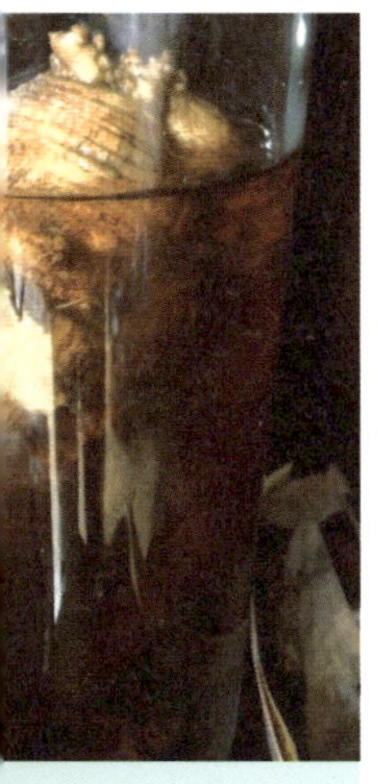

옛 동산

— 그리운 풍경

진달래꽃 흐드러진 앞산에 비 내리면
말랐던 시냇가 시냇물 졸졸 흐르고
뚝방길 할미꽃 다투어 피어나네

보리밭 사이로 푸른 바람 불어 오면
종달새 높이 날며 사랑노래 부르고
노랑병아리 아장아장 봄나들이 나온다

유채꽃 피어오른 앞 산 비탈진 밭에
동네 아낙네들 모여 앉아 도란도란 밭 매고
아카시아 꽃비에 춘흥이 절로 돋네

동백꽃잎 푸르른 뒷동산
멧비둘기 구애 노래 구구구 구성지고
새벽 밭갈이 다녀온 아버지 툇마루서 낮잠 잔다

모두가 떠난 자리

사람들이 몰려왔다 간 자리에
모래사장과 게들의 숨바꼭질
찰랑대는 잔파도만 오간다

긴 여름
깔깔대던 가시내들 웃음소리는
푸른 물결에 실려가 수평선 위 아스라하고

치근덕대던 사내새끼들 객기는
모래사장에서도 물결 위에서도 다 지워진 채
추억으로 남을 이유만 찾을 뿐

남쪽 바닷가 아담한 해수욕장엔
모두가 떠난 빈자리 외롭지 않고
사람체취 뒤로한 채 원시만 가득하다

겨울 나그네 발길 붙잡는
잔모래의 사그락거림과 잔물결 위엔
그리운 사람들의 슬픈 추억들만 속삭인다

고향나무 타향나무

고향에 살았던
기억을 되새김질 하고파
가져왔던 소사나무가
시름시름 객사하던 날

내 마음속 자리 잡은
상실감을 없애려고 맞이한
객지 소사나무가 주인 되어
봄을 알리려 한 잎 한 잎
피어나

내 마음의 벗 되어
실향의 의미를 망향으로
귀향으로 바라보게 하는구나

버려도 잊어도
항상 심저에서 웅크리다
틈만 나면 튀어나오는 놈 하나

고향

귀향의 꿈

어릴 적 툇마루에서 떨어져
돌조각 박혀 생긴 일그러진 흉터
아비 가슴엔 그 멍울이 있다

리어카에 수십 년 봇짐 실어 나르며
핏덩이 같은 새끼들 시퍼런 울음소리 재우고
주막집 잡부 젖가슴 속에 막걸리 잔 퍼붓느라
호주머니는 늘상 칼바람이다

주변머리 희끗희끗 해져도
언제나 가슴속 자리 잡은 고향집 툇마루는
가슴 한 켠 옹이처럼 박힌 고질병이 되고

시름시름 앓은 타향살이는
여전히 회색빛 도시 주변에서 쎄빠지게 몸 굴려도
허벌나게 값싼 막걸리 한사발이다

봄이 오는 소리에
몸 이곳 저 곳 제 것이 아닌 양 삐걱거리며
삶은 하루하루 회색도시에서 핏빛 되어가지만

새벽달 보고 출근하여
저녁노을에 빈손으로 돌아오면
고향집 툇마루 생각에 하루가 초침이다

저 하늘 흰구름 뒤엔

하얀 구름 천지를 뒤덮고
먹구름 이는 저 너머 빛나는 별들엔
무엇이 우리를 위해 준비되어 있을까

이 세상사람 그리고 만물들
삶이, 사랑이 끝나면
영겁의 세월 속에
무엇이 준비되어 있을까

무한으로 펼쳐지는
저 진공의 세계를 유영하는
영혼의 안식처 그 곳이 어디인가

하늘을 나는
유성들의 군무는
저 별들 속에서 펼쳐지는
영혼들의 안식처를 알고 있을까

지금의 삶이
선하고 아름다워야 하는 이유는
영혼은 있고 그 존재의 선험이 있으나
그 사후를 알 수 없기 때문이며

세월 따라 바람처럼 흐르다
찰나의 순간 사라져버리는
이슬 같은 것이기 때문이다

동백꽃 사랑

뚝뚝
떨어지는
핏빛 절개엔
꽃잎 하나 못 떨구고
님 향한 일편단심
속으로 속으로
다 삼키다
끝내
온 몸으로
그 절개 떨구고
이루지 못한 사랑
떨어진 후도 못 잊어
붉게 물든 마음
시름시름
앓다

제2부 | 사랑

빈 강

— 기다림

강은
속으로 밑으로 말없이 흘러가며
건물 다리 갈대를 투영하고
나그네 고니들에겐 쉼터도 준답니다.

흐르는 세월 따라
속으로 밑으로 말없이 흐르며
그대가 다가선 대로 투영할 뿐

내가 가슴으로 사랑했던 그대여!

애증도 그리움도 이별마저도
강물 속으로 다 흘러 보내고

봄이 오는 강은
그대가 다가선 대로 그대만을 투영할 뿐
내 것이라 하지 않는답니다.

그리운 수선화

어느 봄 날

꽃대를 꼿꼿이 세우고
피어나려는 꽃봉오리

카메라에 들어와
멈춘 지 7개월째

수선화는

이렇게 또 올 한 해를
보내려나 보다

하얀 속마음에는
겹겹 그리움이 쌓인다.

감과 여인

가을이 익어 갈 땐
떫고 아린 감을
간 볼 일이 아니다

아스라한 기억 속에서
노스텔지아가 전해오는
감은 씹어서 뱉거나 체한다.

찬바람이 불어와
겨울을 알리기 전까지
여인과 감은 한 입 물어볼 일이 아니다

설익은 감을 씹으면
떫어서 내 뱉거나
삼킨다면 체하여 고통을 준다.

이 가을은
찬바람에 어깨를 추스려야
제 맛을 알 일이다

내 마음 구름 되어

밤이 되어
일상은 또 다시 고요한 침묵으로 잠들고
나는 또 버릇처럼 그녀를 일으킨다.

스멀스멀 기억을 헤집고
낮에 심은 분신들 일으켜 세워
하나 둘 망각의 강으로 춤추게 한다.

내 마음
구름 일어 님 마음 속 눈비 뿌릴까

폭풍우 되어
내 마음의 바다로 그녀 마음 채울까

바람 되어
저 멀리 외딴 섬으로 둘이서 훨훨 날아갈까

긴 밤
잠 못 이루며 그리움만 사무친다.

님 그림자

— 노을 진 강

붉게 타는 서산 해는
강물 속 드리우고

님 그림자인 양
강물 위 또 하나 붉게 타올라
잡힐 듯 말 듯 하며 내 마음 물들이네.

쌍쌍이 노는 물새 내 마음 아는 듯
강물 해 따라 가며 암수 서로 정다워라

하늘 하나 강 하나
님 마음 헤일 수 없어
저녁노을 긴 여운에 애간장 태운다.

봄이 오면

목련이 전해 주는 향기처럼
그녀 가슴에 향긋한 마음 하나
잊지 못할 밀어 속삭이고 싶다

봄이 되면
내 마음 활짝 열고
하양 웃음꽃 한 송이
벅차 오른 환희로
가슴 터지는 사랑을 하고 싶다

봄이 오면
아지랑이 피어 오른 꽃동산에서
아네모네의 가슴 시린 사랑으로
찬란한 슬픔을 간직하고 싶다

오직 그대 뿐

멀리서 바라만 보아도
무심결에 스쳐만 지나도
연분홍 물들이는 얼굴

그대이어라

꿈결처럼 불어온 바람에
꽃비 흩날리는 오솔길 걸으며
목 놓아 불러 보는 봄의 찬가

오직 그대이어라

꿀샘 가득 채우고
나비와 벌을 유혹하여
나르시스가 빠져죽을 지라도

모두 다 그대이어라

수선화

가슴에 묻힌 사랑
잊었다 했건만

따뜻한 남풍 불어
강변 영춘화 꽃 피우자
속삭이듯 소리 없이 고개 든
사랑싹 하나 옷고름 풀어 헤치고

봄 되면
나타나리라 했던
그대 날 잊지 말라던
지난 날 우리 둘의 묵언들

그대 앞에서
푸른 치마 두르고
고운 자태 뽐낸다

꽃길

꽃이 오는 길을 따라
나도 함께 걸어 보니
마음도 사랑도 부풀어 오른다.

살랑대는 바람 한 점도
님의 속삭임처럼
마음을 간지럽히며
꽃 향 속으로 빠져간다.

봄은
꽃길 따라
연분홍 사랑이
채색되어 가는 길

봄비 따라 간 사랑

바람 따라 와서
하얀 울음으로 간 이별

봄 되어 개나리 벚꽃
흐드러지게 피어오르니
꽃잎마다 그리움만 비추고

이른 봄비에
젖어 버린 꽃잎
찾지 못한 님 마음만
시름시름 흘러내리는데

꽃비 그친 자리에
떨군 꽃잎 밟히면
찾지 못한 님 마음
어이한단 말인가

피어오른 남은 꽃잎
활짝 열지도 못한 채
빗물 뚝뚝 떨구며
세월 타는 흔적만 남네

이젠 당신의 봄으로 오렵니다

당신은
긴 겨울 차디찬 고통 겪으며
따스한 봄, 저 꽃잎을 기다리셨지요.

올 듯 말 듯 꽃 몽우리 보이며
당신에게 다가설 듯 멀어지며 애태우던 때
당신의 봄을 간절히 기도하며 눈물 흘리셨지요.

긴 겨울 끝 꽃샘추위에 내 멍울진 상처가
당신께 또 다른 아픔으로 눈물 지울까봐
차마 꽃잎 내밀 수 없었답니다.

이젠
저를 두고 하얀 눈물도 흘리지 마셔요
이 봄 다 가도록 수줍은 꽃잎 진한 향기 품고서
그대 꽃으로 활짝 피우렵니다.

장미가 필 때까지

부드러운 색들이
산천을 빠른 시나브로 입혀갈 때
소년의 꿈을 꿀래요.

소녀의 아름다운 미소가
노랗게 연분홍으로
하얗게 보랏빛으로 꽃물 들일 때

눈동자에 무지갯빛 가득 채우고
황홀한 유토피아로 날아가렵니다.

영춘화 개나리가 온 강둑을 황색 칠하는
벚꽃이 온 길과 세상이 하얗게 변한
개불알꽃이 보랏빛으로 세상을 유혹하는
진달래 철쭉이 분홍 진홍으로 산자락 덮는

봄은
밝고 환하게 비춰지는 빛과
따스함이 있기에
아직 소년의 꿈은
무지개랍니다

장미가 붉게 타오르면
산야는 짙은 녹음으로 우거지고
엷게 환희 내 비추던 빛의 조화가
녹색 삶들의 치열함으로 짙어갈 때까지

소녀의 미소가
일곱 가지 색깔로 가슴 속 가득 찬
소년의 꿈을 고이 간직하렵니다.

회상

— 추억으로 가는 날들

우리는
봄비 내리는 꽃길에서 만나
석양빛 떨구는 포구에서 헤어졌지

봄빛 찬란하게
내리쬐는 날
도서관 옆 조그만 공터
처량하기 짝 없이 홀로 선
벚꽃 만발한 나무그늘 아래서
가지 사이로 쏟아지는 빛의 밀애를 나누며
서로에게 기대었다네

우리들의 백색 믿음은
떡볶이와 호떡과 솜사탕으로
도서관과 공원과 길거리에서
사랑으로 무르익었지

미네르바 동산에 낙엽이 질 때
우리는 정든 교정을 떠났고
세상의 거친 물결 속으로 빠져들며
쉼 없이 소용돌이치는 파도 속

질식할 것 같은 삶의 질곡을 헤쳐 나가며
서로에게 점점 더 잊혀진 존재가 되어갔지

어느 날 문득
상실감을 느꼈고
그를, 그녀를 찾았지만 이미 낯설었고
이방인처럼 서먹한 감정으로
저녁노을 붉게 타는 포구에 앉아
긴 이별을 느끼고 있었다네

이렇게
찬란한 봄볕이 내리고
꽃들이 만발 할 때쯤이면

멀리서 피어오른 아지랑이처럼
서글픈 추억들이 가물가물 밀려와
회오리바람으로 마음을 휘저어 놓고
아픈 기억들을
꽃잎 날리는 길거리에 쏟아놓곤 하지

봄은
찬란한 슬픔이
꽃비처럼 흘러내리는
추억의 계절이라네

봄에 오는 사랑

비 온 뒤 무지개 뜨려나.
빗방울 사이로 햇살 비추어
아른아른 안개 피어오른다.

줄 따라 떠나가는
겨울철새들 울음 뒤로
허기진 춘심이 동동걸음인데

바람은 하늘 끝에 매달려
멀리서 하늘거리며 불어와
가슴마다 풍선 하나씩 달았다.

아기동백꽃

21번의 서리를 맞고
세 번의 눈을 맞은 후
동백꽃이 핀 후라야 피는 꽃

붉어서 심장 터질 것 같은 동백 따라
너무 희어서 눈이 멀어질 것 같은 꽃잎들
누가 볼새라 살포시 연다

겨울이 다 와야
꽃을 피워 세상을 본다

작지만 아담하게 세상을 다 품고
님에게 노란 속 꽃 살짝 보이며

하이얀 세상과
하이얀 마음과
하이얀 사랑으로

달과 별 그리고 그리움

창 두드리는 밝은 달빛
내 마음 주체할 수 없어
다가서 하염없이 바라보나니

외로움 하나 둘
가슴 한켠 차오르며
둥근 달 위 그대 얼굴 비추고

밤하늘 별 따라 가는 마음
그대 별 찾으려는 속절없는 마음 뿐
휘황한 도심하늘 별똥별 하나 없구나

회상

바람처럼 지난 세월
그대를 향한 그리움이라 했는데
흰 구름은 그림자로 덧없다 한다.

그대 마음 머무는 곳에
애타는 마음 바람에 실려 보냈으나
먹구름 일자 비가 되어 내리는구나.

홀로 태우는 촛불이라도 될 걸
애태우던 지난 세월을
사랑으로만 알았구나.

순백의 사랑

폭풍우가 훑고 간 가을의 대지를
우주의 어머니로부터 온 따뜻한 빛으로
차가운 상처들에 생기를 불어 넣고

비바람에 씻기어 누워 버린 풀들의 아픔에
실버들 가지 흔드는 살랑대는 봄바람이 불어
대지의 품에서 푸르게 푸르게 일어나듯

수많은 생채기로 지쳐 있는 영혼에게
사랑하는 이의 부드러움과 한 움큼의 웃음은
맑은 영혼과 밝은 희망으로 되살아나

하얀 꽃 위에 앉은 순백의 사랑은
영글어 가는 열매들의 향연이 끝나도
말라가는 꿀샘을 울리는 늦가을의 속삭임

동백꽃 사랑

한 올 실바람에도 흔들거리며
배시시 웃으며 한 잎씩 휘날리는
벚꽃사랑도

산자락을 타고 내리는 산바람에
하얀 꽃잎들 하늘가득 휘날리는
아카시아꽃 사랑도

오색찬란한 가을단풍 속삭임에
만추의 들판 모서리에 단아하게 서 있는
국화꽃 사랑도

저녁노을 짧은 황혼 빛에 터뜨리는 동백꽃처럼
이른 봄비에 꽃잎들 통으로 붉은 융단을 깔고
가슴 깊이 타오르며 물들인 붉은 중년의 사랑만
할까

상념

님을
님으로 맞을 때
상념은 뻐꾸기 둥지 같고

님을
상념으로 맞을 땐 독초와 같아
만질 때마다 온 몸에 독이 퍼진다.

님은
꽃처럼 꺾지 말고 보고 또 보면서
그 향을 맡아야 오래 두어도 시들지 않는다.

마지막 둥지

둥지 실은 튤립나무는
앙상한 가지가 되기까지
바람 하나 불 때마다 한 잎씩 떨군다.

늦가을에 드러낸 숨겨진 둥지엔
가을 내 울어대던 까치울음 그치고
어디선가 올 까치 희망을 기다리며
낙엽 떨군 소리마다 깊은 한숨소리

벗겨져 가는 둥지는
마지막 한 잎까지
까치 희망 붙들고
세상 뜰 때라야 놓을
그 사랑의 보금자리 품는다.

달빛 내린 밤

주르륵 흘러내린 달빛
그 빛줄기마다 그리움 주렁주렁 매달아
밤하늘 가득 채우며 도시의 밤을 밝힌다

가슴속으로 들어온 사랑의 전령들이
실안개마냥 스멀스멀 밖으로 기어 나와
달빛에 애타는 마음 주절주절 쏟아 놓고

세상으로 탈출한 사랑 하나
밤새 달빛과 춤추다 지쳐 쓰러지면
아침햇살 비추고 눈가엔 이슬방울 맺힌다

아픔 그 기억

돈으로 얻은 신뢰 사랑은
잊혀진 기억으로 추억이지 않고
시간여행을 할 수 없는 무생물

덫에 걸리지 않는 사랑과 신뢰가
없는 이유는 그 본질이 순수하기에
아픈 배신과 쓰린 이별은 나간만큼 상처

이 가을에
또 고통스런 슬픔이 승화되기에

사랑과 신뢰는 몽니
품어야 할 사랑은 이슬
간직해야 할 믿음은 바람
이별은 아픈 슬픔

기억해야 할 사랑은 무엇이며
안고 가야 할 믿음은
정녕 이 가을 낙엽이던가

가을비 내리면

스카프 곱게 두른 어여쁜 사람과
인적 드문 강가에 나란히 앉아
오솔길 걸어가던 그 시절들 애기 하련다

찬바람이 불기 전 손을 맞잡고
노을 진 잿빛 하늘 보며
회색도시의 가녀린 사연들 들어 보련다

마음 속 멍울멍울 맺힌 눈물과
애린 사연 속에 멍들어 간 인생의 페이지들을
살며시 들추어 보련다

가을비가 내리면
지나간 긴 추억의 상념들을
마음속 깊숙이 자리한 어둠상자에 가두고

찬 기운이 내 어깨를 다독이기 전
삶과 여인의 향과 인생의 멜로디를 담은
긴 사연들을 추스려 보련다

안개꽃

안개비가 강가를 촉촉이 적시고
대지 위에 안개꽃이 내려앉는다

상념에 젖은 긴 밤을 보낸 후
꽃마다 맺힌 이슬방울 위엔
왠지 모를 아픔들이 영롱하다

강은 바람에 시달려도
이슬비를 내려 주고
대지는 모진 사람들이 짓밟고 간 후에도
그 자리에 안개꽃을 부려놓는다

가을은 하얗게 깔아 놓은
안개비에 떨구어진 들꽃으로
슬픈 마음을 위로해 준다

하얀 마음

어이 하오리까!
이 먹먹한 마음
잊은 줄 알았더니
가슴이 먼저 알고 우는구나

잊지 못할 사랑일 줄은 알았지만
이렇게 가슴 절절히 그리울 줄
어이 머리로 알았으랴

알 수 없는 슬픔
가슴 가득 차올라
차라리 펑펑 울기라도 했으면…
남몰래 흐르는 눈물 닦을 수도 없구나

애린 봄2013

겨우내 밤 새워
가슴 한 켠 겹겹이 쌓아온
님에게 보낸 수많은 그리움의 수사들
가슴 깊숙이 묻고 묻으며 다가서지 못하고

다가온 봄맞이에 피우려던 꽃망울
긴 기다림에 지쳐 피지 못한 채 사라져
사방에 다투어 피어오르는 춘화들 속에
내가 키운 꽃은 찾을 길 없구나.

하얀 겨우내 불어대던 그 시린 바람보다
이 봄 내 가슴을 더 아리게 찢긴다.

이제
새로 난 싹에 따스한 봄볕이 들고
난 그 조그만 빛에 온 몸을 맡긴다.

제3부 | 삶

밤비

공허함이
뚜벅 뚜벅
비 사이로 간다

밤비에 젖은 마음
가로등 불빛이
하얗다

봄비는
가슴 한 켠 차 있는
외롭고 쓸쓸한 그리움

참

광대놀이 하는 인생
젖 떼자 배우는 습성
가식적 삶이 편하다는 것

잠시만
일초라도
참되게
생각하고
바라보고
실행하고

달리 오는 그 순간만이라도
참되게 산다면
더 이상 아프지 않을 텐데

삶은 항상
9할9푼이
연극이다

소나무

푸른 솔은 세상을 푸르다 한다.

사람들은 제멋대로 재단하지만
말없이 세상이 푸르다 한다.

사람들은 제멋대로 상처 주지만
말없는 내 사랑은 언제나 푸르다.

몸이 함께 하지 않으면 어떠랴
마음이 항상 같이하는 것을

그리움만 있으면 또 어떠랴
내 사랑이 같이하는 것을

이 땅에 선 청청한 소나무처럼.

교차로

서로 다른 길이 만나서
둥글게 굽이치며 또 다른 만남을 갖고
각자 제 갈 길을 간다

각 진 길을 꺾지 않고
둥글게 회전해 가는 길 위에
차와 또 그 속에 사람이 줄지어 간다

둥글게 가는 길 위엔
질서가 있고 웃음이 있고
서로 의지해 가는 사랑이 있다

숯가마

오늘 본 아픔
어제 느낀 좌절
이미 젖어든 외로움

뜨거운 참숯 열 속에
다 녹아내리면
내일이라는 희망으로
가볍게 웃음 짓고

호수, 산, 하늘이 하나 되듯
정갈한 마음 가다듬어
내일을 맞으리

절망 속에서도

내 방을 지켜보던 나무
그 중간을 통으로 잘랐다
죽이려고 자르진 않았기에
그저,
새싹 돋기를 바라는 희망은 있었다.

통째 잘라 버렸더니
원줄기에서 가지가 나고 새싹 돋아
소담스런 나무로 다시 자란다.

삶은 이렇게
모든 것 다 잘라 내어
절망만이 존재하는 듯하지만
바로 그 곳에서 희망이라는 이름으로
싹이 나고 새로운 삶이 돋는다.

하루

하루는
각진 모서리 사이를 돌며
컴퓨터하고 놀면서
자판기 두드리다
책 한 줄 보고
전화 수화기에 한 대 맞은 후
퇴근하고 피곤하여 쓰러져
자는 사이

봄

— 그 의연한 삶

한강 가
버려진 강배 정박용 고정쇠 안
이른 봄 맨 먼저 새싹 돋았다

바람에 실려와 보금자리 튼 공간
잔 빛 이슬방울 모아 띄운 삶 하나

넓고 기름진 땅 아니지만
아담한 공간 속 포근함 가득한
나만의 보금자리

가장 위험한 곳
아무도 가지 않던 그 곳에
아늑한 터 만들어 먼저 싹 내니
그 당당한 푸르름 창공보다 의연하다

삶이란
바람 같은 눈으로 정할 일 아닌
세월 따라 일구어 낸 찬란한 보석

새순

— 절망과 새 희망

달빛 내린 가지마다
붉은 열매 산수유빛 피강되어 춤추다
칼날 세운 삭바람 쫓아 간 후 기별이 없다

흰 눈 쌓인 고독한 세월
잊은 듯 없는 듯 무심으로 살라하였건만
바람은 어느덧 그 끝이 무뎌져 살갑게 다가오며
얼어붙은 영혼들을 애무하고 있구나.

그렇게 무심하던 절대 고독자도
아픈 추억으로 바들바들 떨면서
따스한 한 줄기 바람, 따라 온 햇빛 한 점에
새싹 살며시 내밀어 간 보고 있다.

신뢰

— 가슴으로 익힌 믿음

얼음장 같은 믿음 봄이 되면 사라지지만
소나무 같은 신뢰는 백년 이상을 가고

마음과 가슴으로 주는 신뢰는
존재가 사라질 때까지 간다

허상이 투영된 사람의 이면을
볼 수 있을 때 진실에 가까워지고

그 진실이 묵힌 김치처럼 맛있을 때
신뢰는 단단해진다

오래된 우정도 돈 앞에 농간 당하고
우애도 자본 앞에 멀어져 가는 세상

글 벗! 그 하나만이라도
사랑! 또 그 하나만이라도

슬퍼서
마음으로 통곡할 때까지
가슴으로 묵은 김치를 담궈야겠다.

빈 배

떠나려 한다
깊은 슬픔 안고서

그리운 님
저 땅에 남겨 두고서
빈 배 저어 먼 바다 나아가련다

덧없는 세상
무엇 하나 가져갈 것 있소

마음 하나 옷 한 벌
그것만으로도 넘칠 걸

모든 것이 하나로

하늘과 산과 호수가
아침 햇볕에
하나가 되었다

바람도 잠잠하고
실안개 덮혀 가며
호수는 산을 품는다

아침은 나그네마저
호수로 빨아들이며 모두 하나가 된다

하늘은 고난이 안은 환상
산은 진리 침묵
호수는 평화 모략 분열
햇볕은 돈 좌절 극복
바람은 고통 희열 사랑
안개는 불확실성 희망

아침은 모두 하나가 된다

소小

한없이
작아진다

모든 것이
원에서 점으로
축소된다

자신이 무엇 하나 남길 것 없는
바람 같은 존재임을 알았다

눈 감고 깨어나고 싶지 않는
헛된 삶을 살고 있음을 느낀다

다만, 오늘이 계속되기를 기도하고 있다

영혼의 집을 털지 말아요

긴 겨울 암흑 속에서
고드름 수염 붙이고 떨고 있는
영혼들의 외침을 듣는가

왜 남의 집을 비우게 하는가?

그대 집도 세월 가면 허물어져
한 줌 흙으로 뿌려져 본원에 귀속되듯
남겨진 구중궁궐 한 줌 재 되어
흙으로 강으로 뿌려진 것
그대는 아직 모르는가

헛된 욕망으로
남의 집 부귀영화를
왜 바라보고 탐하는가

영혼의 빛들

은하수 타고 흐르던 별빛
강가에 하나씩 줄지어 내려 앉아
아름다운 세상의 빛 동무 되어 놀다
어둠 걷힐 때 하늘빛으로 되돌아간다.

영혼의 빛엔
어부들 파도 가르는 뱃고동 소리
농부들 땅 일구는 거친 호흡 땀방울 소리
두들기고 짜 맞추던 노동자들 숨 가쁜 소리
종일 시달리던 화이트-블랙칼라 한숨소리

모두 함께 깊이 잠든 고요한 밤
아름다운 추억으로 어둠 밝히다
여명 전 홀연히 사라진다

삶은 영혼들의 빛으로
하루 밤 사이 흔들거리며 소곤거리다
사라지는 아름다운 추억여행 길

초혼가

저 생명을 붙잡으소서!
어린 두 생명이
눈물을 가득 담은 채
두려움에 떨며 지켜보고 있나이다

너무 선하여
항상 웃음으로 사람을 대하던 그녀가
한순간 뒤에 탄 두 아이들 걱정에 돌아 본 찰나
2차 충격으로 목이 절단 났다 합니다

아이들 생각에 차마 목숨 줄 못 놓고
공포와 두려움에 떠는 토끼 같은 눈망울의
두 자녀에 대한 지난한 미래를
어머니는 지독한 염력으로 버티고 있나이다

그녀의 태고로부터의 강한 모성에 힘을 주소서!
그리하여 저 놓지 못하는 끈을
더 강하게 붙들고
다시 단단히 이어지게 하소서!

이 밤
잠 못 이루고
이렇게 간절히 소망하오니
부디, 이 애간장 타는 모정을 굽어 살피소서!

* 옆 부서에서 근무하는 동료가 지난 구정 귀경길 중부고속도로 상에서 1차 접촉사고 후 뒷자석에 있는 두 자녀의 안위 걱정에 뒤돌아보다 2차 충격으로 중태에 빠진 상태입니다. 남편과 두 아이는 경상이라 하니 천만 다행이나 제 직장 동료가 사경을 헤메고 있습니다! 너무 가슴이 아픕니다.

이 푸르른 봄날에

가슴 시리게
사랑하고도 떠나야 했던 사람에게
한 줄의 시를 남기고

늙으신 어머니!
평생 젖줄 빨아온 그 품에
고맙다 는 말을 해 보자

아파하고 힘들어 하는 이웃들을 위해
내가 무엇이라도 함으로써
내 자신을 위로 받고

사회나 국가가
하나 되고 통합됨이
내 아이와 미래에 무엇을 남겨주는지
단 한번의 고민이라도 하자

이 푸르른 봄
나이에 맞게
마음을 단장하여
세상에 아름다운 향기를
풍길 수 있게 하자

낯선 도시의 하루

냉랭한 사람들의 도시는 여전히 회색이고
뿌옇게 가라앉은 우리의 거리엔
실안개가 덮쳐오면
격리불안으로 숨이 멎는다.

마음으로 다가와 주는 느낌과
따뜻한 눈길이 전하는 다정을 구하는데
다가오는 시선은 차갑기만 하고

하루는 내게 이토록 낯설게
슬픈 그늘을 짙게 드리우고
평온도 사랑도 잃어버린 채 늘어진

홀로 떠들다 이어지는 무거운 침묵,
관조하는 주변인으로 망설이는 일상
또 하루의 슬픈 자화상만 남긴다.

색은 변해 가고

사람도 변하고
꽃도 변하고
나뭇잎도 변한다

40년 지기 친구도 변해가면서 스스로 모르고
20년 지기 친구는 스스로 시험에 빠지고
가까이 하던 동생마저 어려울 때 변하더라

채색된 가을은
또 다른 모습으로
이렇게 아름다워지고 있다

인생살이
변해가는 모습에서
또 하나의 시간이 흐른다

꽃도 아닌 것이 꽃처럼
부조화인 듯 조화롭게
또 하나의 모습으로 아름답게

사랑은 가을을 타고

맑은 하늘의 미소는 빛과 바람으로
찬란한 가을날의 협주곡을 연주하지만
불규칙적인 뇌우는 밤새 설잠 재운다

새벽 내내 울려대던 천둥이 잦아들고
잔잔히 내리던 비도 그치면
줄곧 머리를 짓누르던 번뇌는 사라지고

알 수 없는 일상의 고요함 속에서
젖어드는 애심은 차가운 바람 등을 타고
따스하게 내 가슴에 안겨 온다

달맞이꽃으로 맞이한 가을은
은은한 달빛에 소리 없이 빈 가슴 메우고
아침은 황홀한 빛으로 밝아 온다

밟히고 또 밟혀도 꽃피는 삶

황사가 쓸고 있는 강가에
민들레꽃 한 송이 피어나고

친구 따라 보랏빛 네 꽃잎
활짝 펴며 하늘 꽃 칠성을 그렸답니다
사람들은 걸음마다 날 밟고 가며
시 · 때로 사지를 잘라냈을지라도

난 삶을 포기하지 않았답니다

지난 가을
낙엽 따라 온 찬바람에 몸과 사지 다 내 주면서도
제 생명 땅속 깊숙이 묻고 따스한 봄 올 것을 믿
었기에

전 삶을 결코 포기하지 않았답니다

이제 누구도 제 꽃 위에 피어난
화려한 빛깔 속 희망을 밟지 않을 겁니다

아이들의 초롱한 눈빛도
신기롭게 보는 어른들의 눈빛도
모두 경이로워 하니까요

지하철의 군상

아침 지하철엔
꾸벅 꾸벅 조는 한 사람
눈 감고 자는 척하는 두 사람
나머지는 핸드폰에 눈 박고 있다

아무도
누구에게도
서로에게 눈길 주지 않는
지하철은 언제나 북적거리는 침묵

힘들어 하는 한 사람에게
조용히 일어나 눈인사라도 할 즈음
그는 내리고 없다

짐

벗어야 홀가분할 짐이련만
잠자리에 들기 전 벗은 무게는 밤새 그대로인 채
아침이 되어 시작하는 걸음마다 무겁게만 느낀다.

뚜벅뚜벅 걸어가도
뜀박질을 해 봐도
어깨 위 무게감은 안 줄었다
분명 줄었다고 생각할 때에도
이제는 빈껍데기라 생각하는데도
마음의 납덩이 같은 무게는 항상 그대로다.

밤새 울부짖어도 보고
공회당 담벼락에 고해성사를 했어도
짊어지고 갈 무게는 줄지 않았다.

이제는 비었거니 하고 되돌아보면
언제나 버겁게 짓누르고 있는 짐은
한사코 뿌리치는데도 변치 않고
먼 길을 동행한다.

제4부 | 가을과 겨울

눈 내린 3월

춘삼월 꽃움에 함박눈 펑펑 내리니
모진 세월 기다린 임 어쩌란 말이냐

떨고 있는 가지마다 하얀 눈 내려 앉아
임 마중가려다 소복 갈아 입는구나

아직 임에게 속마음 한 마디 건네지 못했건만
겨울 뒤끝이 임 곁에 마냥 머물자 하니

그 꽃잎 피우지도 못한 채
하얀 눈물만 하염없이 흐른다

춘래 불사춘春來 不似春

봄이 오면
꽃내음 두 손에 가득 담아
속향을 님에게 은은히 드리련만

시샘하는 눈폭탄은
봄 마중 온 매화를 통으로 덮고
거리를 차와 사람으로 뒤엉켜 놓았다

어설프게 앞서 간 님 사랑은
저 만치서 애달파 손짓하는데
심술맞은 눈 시샘에
나동그라져 버렸다

어이할꼬, 내 사랑을
저 만치서 떨면서
어서 오라 하는데

참 이상한 시

야릇한 볕이
꽃 위에 앉아
종일 쫑알거린다

나비가 앉아
낮을 지키다 떠난 자리
별들이 잠들어 있다.
깨어나자
아침이슬과 함께
사라진 상념.

봄꽃 향연

고양이 솜털처럼 보드랍게
사뿐사뿐 내리쬐는 봄볕 아래

만 가지 풀들이
졸고 있는 바람 사이로
열심히 봄을 퍼 나르고

가슴마다 부풀어 오른
사랑들이 화사하게 피어
저마다 향이 걸죽하다

봄은 봄대로
산수유와 라일락 사이
가는 길 따라 분주히
청-홍 매화 개나리 진달래
벚꽃 아카시아꽃
산 한 자락씩 뿌리고 있다

꽃은 피었을 때
그 향을 실컷 들이키고
이별 길에 멀어져 가는 아픔 따라

하얘진 머리와 얼얼해진 심장으로
그 아름다움을 돌아볼 일이다

사랑꽃이 필 때

그리움 봄바람에 실려와
님 마음 속곳까지
훌훌 벗어 던져

만개한
산수유꽃 가지에
깃발인 양 걸어 두면

노란 꽃내음
님 마음속 짙게 배어
사랑의 향내 말초신경을 지배하고

그대 마음 내 것인 양 노랗게 물들이어
깃발 뽑아 머리띠 두르고 마음마저 빼앗겨
이 봄 그대 꽃향 속으로 풍덩 빠져든다

개화

밤새
꽃잎 웅크리고
풀벌레 울음소리와
달빛 사냥에 시달리다

동트는 새벽 한 빛줄기에
땅심 움켜쥐고
꽃잎 피우다

달꽃 별꽃 해꽃

그대 가슴에
달꽃 영춘화 피었다 하니

내 마음엔
별꽃 벚꽃 피었다오

사람들의 마음에
해꽃 진달래 가득하니

봄은
꽃으로 밝게 피어나는
우리들의 꽃동산

경칩

동녘에 해 뜨면
밤이슬 거두어 대지를 적시고
만물이 소생하는 빛이 스며

꽃잎 하나씩
찬 땅 위 고개를 내밀면
뭇 잎들 무리지어 피고
뒤 이어 개구리들 뛰어 나오리

서산에 해지면
저녁노을 붉은 울음
빗줄기 한 동이 쏟아 놓고
달빛 별빛 소나기 대지를 적시면
생명의 봄들 우르르 돋아 나오고

차가운 강 기운 등 떠밀어
어둠 뚫고 지나는 저 동굴 뒤엔
사람들의 미소와 아이들 웃음소리
봄으로 가는 희망의 노래
도시 가득 울려퍼지리

꽃천지

가을 낙엽이 떨어질 때
땅속 깊숙이 숨어든 후 천만 번의 두드림으로
별 달 구름 해에게 끈질긴 애원

그 눈 뒤덮인 동토 속 암흑을 뚫고
하나 둘 나와 모든 영혼들이 꽃으로 피어나
화려한 그 빛깔 뽐내고 있다

온 세상은 선한 웃음으로 환생한
꽃의 정령들이 춤추는구나

영춘화 개나리 연분홍 진달래 만산을 물들인 후
붉은 선혈이 뚝뚝 흘러내릴 철쭉으로 채색되고
하얀 아카시아꽃 산자락을 덮으며
춘정에 불지를 때까지 영혼들은
꽃에서 꽃으로 이어지리라

봄비에 사랑 피우려나

뚝방 길 양지의 개나리꽃
살짝 꽃잎 내밀어 벙글고
가랑가랑 내리는 봄비 촉촉해지면

겨우내 눈바람에 움츠린 마음
봄바람 불어
춘정이 가슴까지 차오른다.

홍매화 청매화
꽃비 날리고
춘홍 돋우면

무심한 그녀
꽃향 깨물고
향긋한 사랑노래 들려주려나.

가을 바람

가을바람이 살랑살랑
나락모개가 까닥까닥

졸고 있는 가을은
한 줄기 빛에도 깨어나

한여름의 짙은 폭우 때보다
열 배로 수고한다

실바람에도 코스모스는
조그만 사랑을 전해 주고

가슴 한 켠에서
울렁이는 애잔함이 짙어간다

가슴 시린 사랑

가슴 저미도록 그리운 사람이여!
생각보다 먼저 마음으로 그대를 보고
형체를 그리기도 전 마음부터 울렁

가슴 부푼 사랑의 꿈은
숨 막히도록 짙은 낙엽이 다 쏟아지도록
떨어지는 낙엽 따라 슬픔으로 가득하다

이룰 수 없는 상상이라도
그 사랑이 시간의 시간을 타고 흘러도
가슴 저리도록 그대가 그립다

추억 속의 꽃길을 걸으며

그립고 보고픈 이여
이렇게 눈부시게 꽃향 풍기는 길을 걸으면
마치 아름다운 꿈길을 걷고 있는 듯합니다.

강변엔
벚꽃 앵두꽃 돌단풍꽃 금잔디꽃 만발하여
환하게 봄 길을 밝혀 주고
그 향 은은하게 코끝을 간질거리면
그대 향이 더욱 그리워지나 봅니다.

살다 보니
벌써 아득한 세월이 흘렀지만
마음 속 가두어 둔 아린 향수같이
꽃 길 위에서 지울 수 없다는 듯
밝게, 뿌옇게 떠오른답니다.

봄은
이렇게 꽃이 눈부시게 피어 있고
조용한 봄 처녀의 흥얼거림은
그대와의 아련한 추억 속으로 빠져든답니다.

이 길이 소녀였던 그대가 숙녀로 가는 날
나와 같이 걸으며 종달새 노래를 불러 주었던
바로 그 길인 것처럼 말입니다.
우리에게 이루지 못한 사랑 그 흔적들이
꽃비가 흩날리는 저녁노을 길 위에
별빛처럼 쏟아져 내리고 있습니다.

봄 마중

온 동네를 훔친
목련꽃 그늘 속에서
그녀가 남긴 체취를 들이키다
집 주인 기척소리에 놀라
후다닥 정색하고
걸어가던 길

아~
님이 오는 소리에
추억이 앞서 설레이는
목련꽃 몽우리

봄이 오는 길은
사랑의 속삭임이 온 몸을 휘감고
마술 같은 환상이
찾아오는 길

햇살이 눈부신 강

청둥오리는 쌍쌍이 자맥질로 반기며
사랑의 하모니를 과시하고
갈대마저 한 점 흔들림 없이
서푼어치의 사랑을 비웃는다.

투영된 도시는
강물과 함께 끝없이 흘러가며
슬프고 고독한 사람들을 위로하고 있다

오늘은
바람마저 자고 햇살은 만물을 다독이며
따뜻한 온기를 모두에게 빠짐없이 전한다.

바람꽃의 소문

바람꽃을 본 사람 있소?
분홍색 꽃잎에 하얀 암술을 가진 꽃이라 하고
버섯꽃에 하얀 꿀샘이 있는 꽃이라고도 한다

갈증 기대 한숨 아픔
그리움 상상 아련함 그리고 이별

누구에게 물어도
보았거나
알았거나
느낀 적 없는

흔적 없이 소문으로만 있던 꽃은
가을비가 내린 후 하얀 그림자만 남긴 채
늦가을 삭풍 속으로 사라졌다

버들강아지 추억

실버들 마른가지 눈꽃이 지기도 전
버들강아지 보송보송 고개 내밀고
얼음 꽃 사이로 봄맞이 인사한다
이른 봄이라 찬바람 쌩쌩 불고
가지마다 고드름 주렁주렁 매달아도
외로움 참아가며 봄 동무들 불러 모아
미네르바 봄 동산에 벚꽃이 필 때까지
늘어진 능수버들 줄기마다 살랑대며
눈 맞아 한 몸으로 바싹 붙은 첫사랑
성성히 가려 주려 가지마다 매달지만
살랑대는 봄바람에 애간장 태운다

추억의 길

미네르바의 헐벗은 아픔은
아직도 마음 한 곳에 숨어 있다
돈 없고 배고프고 모든 세상이 이방인

삼인분도 들어갈 도시락통 하나 넣고
정독도서관 길을 새벽에, 밤늦게 지날 때
가을은 언제나 쓰라린 아픔이었다

낭만은 언제나 배부른 사람들의 사치품
항상 고프고 찌들고 고독으로 외로워했고
생존해야만 하는 서글픈 자들의 가을 길

아릿하게 심장을 울려오는 그녀에 대한 향취가
느릿느릿 떠오르는 낙엽 따라 흐르는 가로수 길은
흐릿한 추억 속의 풍경으로만 추억될 뿐

가슴 아프게 사랑하고도 슬픈 추억들이
하나 둘 끄집어내어질 때 짙어가는 가을 풍경은
노란 잎사귀들 하나 둘 그 잎을 떨구어간다

◈ 작품 해설

삶의 진정성과 건강한 지향
— 황철환 시인의 시 세계

문학평론가 리 헌 석
(사) 문학사랑협의회 이사장

1. 시인의 일상을 찾아서

황철환 시인은 1960년 12월 4일 전라남도 고흥군 바닷가 마을에서 태어났다. 대를 이은 고흥군의 부농富農 지주였으나, 조부 대에 급격히 가세가 기울었다고 한다. 그렇지만 그가 출생하고 성장할 때까지는 마을의 부농이었다. 그리하여 이웃 지역의 순천고등학교로 유학할 수 있었고, 한국외국어대학교에 진학하여 영어를 전공할 수 있었다.

평온한 생활을 하던 시인에게 대학 4학년 때에 입은 부친의 별세는 감당하기 힘들 정도로 정서적 충격이 컸을 터이다. 청년 가장家長으로서 막중한 책임감으로 군 복무를 마친다. 그후 공기업에 취직하여 성실한 도시인으로 살아가며 시를 빚는다. 도시인의 일상은 틀에 맞추어진 양상으로 전개되기 마련이다. 대부분 경제생활의 향상을 소망하고, 자녀들의 양육에 관심을 쏟고, 자기중심적으로 살아가는 양상을 띤다. 때로는 무미건조한 생활의 연속에서 탈피하고자 하는 내면적 원심력遠心力이 작용하기도 한다. 변화가 없는 생활에서 새로운 영역을 모색한다.

여러 변수變數를 선택할 수 있지만, 문학창작을 비롯한 예술활동에 나서거나, 건강을 위한 스포츠와 레포츠에 집중하는 일은 긍정적 방향이다. 황철환 시인 역시 크게 다르지 않아서, 평범한 생활에서 서정적 영역의 가치를 창출하고 있다.

아침 지하철엔
꾸벅 꾸벅 조는 한 사람
눈 감고 자는 척하는 두 사람
나머지는 핸드폰에 눈 박고 있다

아무도
누구에게도
서로에게 눈길 주지 않는
지하철은 언제나 북적거리는 침묵

힘들어 하는 한 사람에게
조용히 일어나 눈인사라도 할 즈음
그는 내리고 없다

—「지하철의 군상」 전문

단형短形에 도시인의 생활과 정서를 오롯하게 담아낸 작품이다. 1연은 일상에서 만날 수 있는 출근길의 풍경이다. 꼭 1명이 졸거나, 2명이 자는 척하는 것은 아니지만, 이는 서정적 숫자일 터이다. 이와 같은 소수의 사람과 함께 절대 다수가 핸드폰으로 무료함을 달랜다. 이러한 서두는 2연을 도입하기 위한 전제로 기능한다. 〈아무도/ 누구에게도/ 서로에게 눈길 주지 않는/ 지하철〉은 이미 사람이 사람답게 정을 나누며 살아내기 힘든 공간이다.

이 작품에서 문학적 성취를 이룬 구절은 바로 〈지하철은 언제나 북적거리는 침묵〉이다. 이는 우리에게 익숙해져 있는 '군중 속의 고독'과도 통한다. 혼자 있을 때 느끼는 고독과 여럿 속에 있으면서도 느끼는 고독은 질적으로 다르다. 그런 공간에서도 시인의 따뜻한 정서는 발현된다. 자리에 앉아 있던 시인은 〈힘들어 하는 한 사람에게〉 자리를 양보하려고 하지만, 그 사람은 이미 내리고 없어 눈인사조차 나눌 기회를 얻지 못한다. 이와 같은 도시인의 생활환경에서도 황철환 시인은 시詩를 통해 감성을 되살리고자 한다.

여러 권의 시집을 발간할 정도로 많은 작품을 빚으며, 어머니의 따뜻한 품과 같은 사회를 소망한다. 봄에 만나는 생명력과 가을에 만나는 사색적 삶을 희구希求한다. 이런 작품들을 응모하여 문학전문지 『문학사랑』의 신인작품상에 당선하여 등단하고, 첫 시집 『낯선 도시의 하루』를 발간한다. 이 시집에서 따뜻한 정서와 건강한 정신을 만날 수 있다.

2. 삶의 진정성을 찾아서

물질문명의 발달로 인간성이 상실되어 가는 시대라고 한다. 금전만능주의에 함몰되어 사람과 사람 사이의 진정성이 퇴색되어 가고 있다. 이에 절망한 사람들은 냉소주의에 빠지기도 하고, 종교적 신비주의에 침잠하기도 한다. 때로는 인간성 회복을 강렬하게 주장하기도 하며, 정겨운 세상을 작품으로 승화시키기도 한다.

황철환 시인은 작은 사물에서 얻은 이치를 사람살이의 이치로 변환하여 작품에 담아낸다. 그것이 비록 외로운 목소리가 될지라도 절망하지 않는다. 그는 시 「하루」에서 〈각진 모서리 사이를 돌며/ 컴퓨터하고 놀면서/ 자판기 두드리다/ 책 한 줄 보고/ 전화 수화기에 한 대 맞은 후/ 퇴근하고 피곤하여 쓰러져/ 자는 사이〉로 구체화하고 있다. 이런 삶의 연속이 인생이라면 헤어날 수 없는 절망감에 좌절할 수도 있을 터이지만, 그는 작품을 통하여 절망에서 벗어나는 혜안慧眼을 보인다.

내 방을 지켜보던 나무
그 중간을 톱으로 잘랐다
죽이려고 자르진 않았기에
그저,
새싹 돋기를 바라는 희망은 있었다.

통째 잘라 버렸더니
원줄기에서 가지가 나고 새싹 돋아
소담스런 나무로 다시 자란다.

삶은 이렇게
모든 것 다 잘라 내어
절망만이 존재하는 듯하지만
바로 그 곳에서 희망이라는 이름으로
싹이 나고 새로운 삶이 돋는다.

—「절망 속에서도」 전문

창문을 가릴 정도로 자란 나무가 있다. 〈내 방을 지켜보던 나무〉의 중간을 톱으로 잘라낸다. 현실에서는 밖이 보이지 않거나, 혹은 햇빛을 가리는 나무이기에 잘랐을 터이다. 시인은 그 나무를 죽이기 위해 '밑동'을 자른 게 아니라, 방을 가리는 부분만을 제거하기 위하여 '중간'을 자른다. 이는 둥치 부분에서 새 가지가 자라고, 그 가지에서 꽃이 필 것을 기대하는 심리가 남아 있기 때문이다. 시인의 소망대로 그 나무의 잘려진 둥치에서 〈새 가지가 나고 새싹 돋아/ 소담스런 나무〉로 다시 자란다.

3연에서 그는 〈삶은 이렇게/ 모든 것 다 잘라 내어/ 절망만이 존재〉하는 것 같지만, 이를 극복하면 아름다운 삶이 준비되어 있다고 웅변한다. 작은 분노를 이기지 못하고 자신의 목숨을 버리는 사회 풍조, 작은 상실을 이기지 못하고 저지르는 일부 몰지각한 행동들, 이러한 사회에 경종을 울리는 작품이다. 절망하는 사람들에게 주는 메시지가 강렬하다. 말하자면 절망과 희망은 동전의 앞과 뒤처럼 야누스적 성향을 띤다. 그리하여 마음잡기에 따라 절망은 희망으로 변환될 수 있다. 연민과 사랑이 전제가 되면 더욱 변화가 빠를 것이다.

시골 할머니 쭈그려 앉아
더덕 두 더미 쌓아 두고 있다.
"7년산 더덕이요, 잉"
바라보는 눈빛이 간절하다.
"손주들 설빔이나 하게 갈아 줘!"

내키지 않아 떨떠름하게
이만 원 드리고
실한 한 무더기만 차에 싣고 와
껍질을 벗기니
더덕에서 고향 냄새 질펀하다.

손자 설빔 위해 이만 원에 팔은
할머니 마음을 헤아리니
중국산에 끌리던 내가 부끄럽다.
남아 있던 한 무더기 잔영으로 남아
한입 문 입가에 쓴웃음이 흐른다.

—「할머니의 더덕」 전문

고향을 다녀온 후에 창작한 작품으로 보인다. 고향의 시골장 난전일까, 아니면 길가에 늘어놓고 파는 노점일까, 어떻든 시골 할머니가 쭈그려 앉아 더덕을 팔고 있다. 좌판에는 더덕 두 더미가 놓여 있는데, 한 더미 값이 2만원이었나 보다. 손자 설빔을 사야 되니 사달라는 할머니의 눈빛을 만난 시인이 한 더미를 산다. 서울의 집에 도착하여 더덕의 껍질을 벗기면서, 더덕의 향에 고향 냄새가 오버랩 된다.

평소에는 값이 싼 중국산 식재료에 손이 가게 마련이다. 그랬던 자신을 부끄럽게 반성하면서, 좌판에 남겨 놓고 온 한 무더기까지 눈앞에 떠오른다. 두 무더기를 다 사왔어도 시인에게는 큰 무리가 아닐 터인데, 한 무더기를 남겨 놓고 온 미안함이 발현된 잔상殘像이다. 이와 같은 자각은 생활 자세를 바꾸게 하고, 생활 자세가 바뀌면 내면의 오욕칠정五慾七情에서 벗어날 수 있는 계기가 된다. 이러한 과정을 거쳐 비움에 이르고, 비움의 궁극에는 온전한 평정심에 이르는 허정虛靜의 경지와 닿아 있다.

떠나려 한다
깊은 슬픔 안고서

그리운 님
저 땅에 남겨 두고서
빈 배 저어 먼 바다 나아가련다.

덧없는 세상
무엇 하나 가져갈 것 있소

마음 하나 옷 한 벌
그것만으로도 넘칠 걸

—「빈 배」 전문

이 시는 원관념이 구체화되지 않아 다의성多義性을 띠고 있는 작품이다. 표면적으로 시를 형상화하는 보조관념이 원관념과 일치하면 사실의 나열에 불과하다. 그래서 시인들은 원관념과 보조관념의 공통점을 찾아 비유하기도 하고, 두 관념의 속성에 의지하여 상징하기도 한다. 이 작품의 본질은 욕심 없이 떠나겠다는 의지의 표현이다. 깊은 슬픔을 안은 채로, 그리운 님을 남겨 놓고, 마음 하나로 떠나겠다는 무소유의 시심이다.

이는 시인 자신의 지향志向을 표백한 작품일 수도 있지만, 다른 한편에서 보면, 아름답게 살다가 떠난 어떤 분의 인품에 감복感服한 시인이 역지사지易地思之하여, 그 분의 입장에서 빚은 작품으로 보아도 무리가 없다.

3. 정서적 깨달음을 찾아서

세속적 욕심이 지나치면 봄이 오는지, 여름이 가는지, 가을이 오는지, 겨울이 가는지도 모르고 산다. 아름다운 꽃이나 잘 자란 나무가 있어도, 그 자체를 감상하기 전에 경제적 가치를 셈하기도 한다. 그러나 잠시 욕심을 비우면 세상이 환해진다. 시냇가에서 부푸는 버들개지도 보이고, 산기슭의 잔설 사이 노랗게 머리 내미는 영춘화의 생명력에 감탄하기도 한다.

황철환 시인의 작품에는 봄에 대한 시가 많다. 다양한 제재를 개성적으로 빚어 시인의 정서를 살려내고 있다. 「봄이 오면」에서 그는 〈아지랑이 피어오른 꽃동산에서/ 아네모네의 가슴 시린 사랑으로/ 찬란한 슬픔을 간직하고 싶다.〉고 노래한다. 또한 「꽃길」에서 〈꽃이 오는 길을 따라〉 걸으면 마음도 사랑도 부풀어 오른다고 한다. 그래서 〈봄은/ 꽃길 따라/ 연분홍 사랑이/ 채색되어 가는 길〉이라면서 봄을 노래한다.

어느 봄 날

꽃대를 꼿꼿이 세우고
피어나려는 꽃봉오리

카메라에 들어와
멈춘 지 7개월째

수선화는

이렇게 또 올 한 해를
보내려나 보다

하얀 속마음에는
겹겹 그리움이 쌓인다.

—「그리운 수선화」 전문

발상이 신선한 작품이다. 시인은 어느 봄날에 꽃대를 꼿꼿하게 세우고 있는 수선화를 만난다. 꽃봉오리가 피어나려는 순간을 카메라로 촬영하여 인화한다. 이 사진의 수선화는 7개월이 지나도 같은 모습이다. 이와 같은 내용이 전반부 세 연의 제재이다.

그러나 후반부 세 연은 시인 스스로 수선화가 되어 신선한 감동을 생성하고 있다. 〈이렇게 또 올 한 해를/ 보내려나 보다〉의 표면적 주체는 '수선화'이지만 원관념은 시인 자신일 터이다. 마찬가지로 〈하얀 속마음에는/ 겹겹 그리움이 쌓인다.〉의 주체 역시 시인 자신일 터이다. '그리움'의 객체를 만나지 못하고, 사진 속의 꽃봉오리처럼 긴 세월을 보내는 시인자신을 투영한 작품이다. 인화되어 있는 사진에서도 영감을 받아 작품을 빚듯이, 시인은 다양한 꽃을 정서적 창구窓口로 삼아 세상과 소통한다.

뚝방 길 양지의 개나리꽃
살짝 꽃잎 내밀어 벙글고
가랑가랑 내리는 봄비 촉촉해지면

겨우내 눈바람에 움츠린 마음
봄바람 불어
춘정이 가슴까지 차오른다.

홍매화 청매화
꽃비 날리고
춘흥 돋우면

무심한 그녀
꽃향 깨물고
향긋한 사랑노래 들려주려나.

—「봄비에 사랑 피우려나」 전문

황철환 시인은 〈가을 낙엽이 떨어질 때〉도 섬세한 정서가 환기된다. 가을 바람은 〈한여름의 짙은 폭우보다/ 열 배로 수고〉하는 까닭이다. 때로는 〈눈 뒤덮인 동토〉에서도 모든 영혼들이 꽃으로 피어나는 상상력을 동원한다. 그렇지만 시인은 봄에 피는 꽃에서 특별한 생명력을 찾아내어 노래한다.

시인이 걷는 뚝방 길에 개나리꽃이 피어 있다. 봄비가 내려 촉촉해진 꽃잎이 새삼스럽게 요염하다. 그리하여 겨우내 움츠려 있던 시인의 가슴에도 춘정春情이 작동한다. 그는 다시 봄길을 걷다가 홍매화와 청매화를 만난다. 꽃잎이 바람에 날려 떨어지는 광경에서도 시인의 춘흥春興이 도도하다. 바람에 날리는 꽃비를 보면서 가슴 부푸는 시인처럼, 〈무심한 그녀〉도 감동하여 〈향긋한 사랑노래〉를 부르리라 기대한다. 이런 내면이 작품으로 투영되어 감동의 진폭振幅이 커진다.

비 온 뒤 무지개 뜨려나.
빗방울 사이로 햇살 비추어
아른아른 안개 피어오른다.

줄 따라 떠나가는
겨울철새들 울음 뒤로
허기진 춘심이 동동걸음인데

바람은 하늘 끝에 매달려
멀리서 하늘거리며 불어와
가슴마다 풍선 하나씩 달았다.

—「봄에 오는 사랑」 전문

비교할 수 없는 순수가 이 작품의 특징이다. 영국의 시인 윌리암 워즈워드가 〈무지개를 볼 때마다 가슴은 뛴다.〉고 노래한 것처럼 황철환 시인도 무지개를 보면서 가슴이 설레는 것 같다. 1연은 일상적 서경 묘사지만, 2연에서 보여주는 깨달음은 갑자기 크게 깨닫는 돈오頓悟의 경지에 닿아 있다. 또한 3연의 동심도 신선하다.

깨달음은 몇몇 사례로 구분되어진다. 갑자기 깨닫고 수양까지 이루어지는 돈오돈수頓悟頓修의 경지가 있고, 물방울이 옷감을 적시듯이 차분하게 깨닫고 수양하는 점오점수漸悟漸修의 경지도 있다. 이 둘의 혼합으로 이루어지는 깨달음과 수양과정도 있는데, 어느 경우라도 삶의 이치를 구명究明한다는 점에서 중요하다.

4. 시인의 지향을 찾아서

시인은 물질문명에 허물어져 가고 있는 정신문명을 지키기 위해 밤낮을 가리지 않고 시를 빚는 것이 운명이다. 어둔 세월에는 촛불이 되고, 때로는 횃불이 되어 깨어 있는 선지자의 역할도 담당해 왔다. 밝은 세상에는 노래가 되고 아름다운 꿈이 되어 눈부신 감동을 생성해왔다. 그래서 시인은 지성과 감성의 결정체로서 시의 완성에 전념해야 한다. 자신의 목숨보다 더 귀중한 시를 빚는다는 자부심으로 세상을 살아내야 한다. 이런 지향과 의지가 좋은 시의 원천이다.

황철환 시인의 내면에도 이처럼 다부진 의지가 작품화되어 있다. 〈황사가 쓸고 있는 강가에/ 민들레꽃 한 송이 피어나고〉에서 보이는 끈질긴 생명력이 그러하다. 〈마음과 가슴으로 주는 신뢰는/ 존재가 사라질 때까지 간다.〉에서 보여주는 잠언적 에스프리가 오롯하다. 〈폭풍우가 훑고 간 가을의 대지〉 〈차가운 상처들에 생기〉를 불어넣겠다는 사랑이 그러하다.

푸른 솔은 세상을 푸르다 한다.

사람들은 제멋대로 재단하지만
말없이 세상이 푸르다 한다.

사람들은 제멋대로 상처 주지만
말없는 내 사랑은 언제나 푸르다.

몸이 함께하지 않으면 어떠랴
마음이 항상 같이하는 것을

그리움만 있으면 또 어떠랴
내 사랑이 같이하는 것을

이 땅에 선 청청한 소나무처럼.

—「소나무」 전문

어린이가 쓴 동시童詩에 이와 유사한 노래가 있다. 세모 난 창으로 세상을 보면 세상이 세모져 보이고, 네모 난 창으로 바라보면 세상이 네모져 보이고, 동그란 창으로 보면 세상이 동그랗게 보인다는 노래이다. 이런 노래는 바라보는 주체의 시각과 깨달음에 따라 다르게 인식된다는 해석이다.

〈푸른 솔은 세상을 푸르다 한다.〉에서 시인은 이미 푸른 솔로 환치되어 있다. 푸른 솔은 스스로 푸르기 때문에 타자他者의 재단과 상처에 오불관언吾不關焉이다. 시인 역시 스스로 〈이 땅에 선 청청한 소나무〉로 인식하고 있기 때문에 어떠한 경우에도 흔들리지 않는 굳건한 시심을 지켜갈 것이다.

황철환 시인은 「이 푸르른 봄날에」에서 〈늙으신 어머니!/ 평생 젖줄 빨아온 그 품〉에 〈고맙다는 말을 해보자〉고 권한다. 푸르른 봄날에 〈마음을 단장하여/ 세상에 아름다운 향기〉를 나누자고 권면한다. 이와 같은 시심으로 일관一貫한다면 새로운 감동을 생성하는 시인으로 대성大成하리라 믿는다. 이런 믿음으로 황철환 시인의 첫 시집 『낯선 도시의 하루』에 수록된 작품 감상을 마친다.

낯선 도시의 하루
황철환 시집

발 행 일 | 2015년 5월 15일
지 은 이 | 황철환
발 행 인 | 李憲錫
발 행 처 | 오늘의문학사
출판등록 | 제55호(1993년 6월 23일)

주　　소 | 대전광역시 동구 대전로 867번길 52(삼성동 한밭오피스텔 401호)
전화번호 | (042)624-2980
팩시밀리 | (042)628-2983
홈페이지 | http://www.lito77.co.kr(홈페이지)
전자우편 | hs2980@hanmail.net

공 급 처 | 한국출판협동조합
주문전화 | (070)7119-1752
팩시밀리 | (031)944-8234~6

ISBN 978-89-5669-682-9
값 10,000원